Gudrun Heller

Im Land der wilden Schwäne

Gedichtsammlung
Erster Band

Bibliografische Information der Deutschen Nationalbibliothek:
Die Deutsche Nationalbibliothek verzeichnet diese Publikation in der
Deutschen Nationalbibliografie; detaillierte bibliografische Daten sind im
Internet über dnb.dnb.de abrufbar.

Verlag: BoD · Books on Demand GmbH, In de Tarpen 42, 22848
Norderstedt, bod@bod.de
Druck: Libri Plureos GmbH, Friedensallee 273, 22763 Hamburg

ISBN: 978-3-7693-9015-5

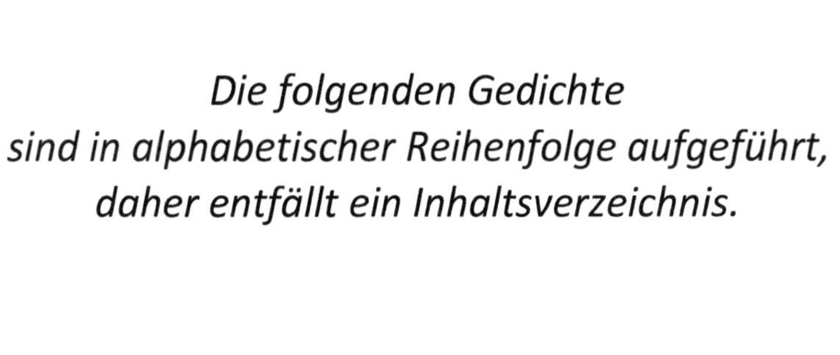
Die folgenden Gedichte
sind in alphabetischer Reihenfolge aufgeführt,
daher entfällt ein Inhaltsverzeichnis.

Foto: Silvia

Abschied von den Wildgänsen

Ich habe den Sommer
mit euch gefeiert,
an tiefblauer See
mit Wäldern so grün.

Ich lauschte euren Geschichten,
die ihr erzähltet dort oben
und bin euch auf zwei Rädern
hinterher geflogen –

nun werdet ihr ohne mich
weiterziehn.

Foto: theSOARnet

Adler im Wind

Du duldest keine Zähmung,
die deinen Willen bricht,
und wer deine Freiheit raubt,
der liebt dein Leben nicht.

Nur wer dich fliegen lassen kann,
zu dem kehrst du auch zurück,
nur wer deine Wildheit ehrlich liebt,
dem bedeutest du auch Glück.

Du bist geboren, um frei zu sein
und dir ein Stück vom Himmel zu erkämpfen,
die Erde kann dich nicht bei sich halten,
noch deine Sehnsucht dämpfen.

Foto: Patou Ricard

All die braven Pferde

stürmen ins Freie heut Nacht.
All die braven Pferde
zerreißen die Zügel mit Macht.

Und jedes Gramm Last
auf ihrem Rücken
ist mindestens ein Gramm zu viel,
und jeder Sattel auf der Erde
ein Reiter, der von ihnen fiel.

Es donnern die Hufe hart auf dem Boden,
Schaumflocken fliegen im Wind.
Sie laufen alle der Freiheit entgegen,
ungeduldig wie ein Kind.

An der Flensburger Förde

Die Straßen sind längst still geworden,
die Glocken all verklungen,
die Vögel haben schon vor einiger Zeit
ihr letztes Lied gesungen.

Nur leichtes Wellenplätschern
dringt noch an mein Ohr
und schemenhaft ragt ein Fischer
aus dem seichten Wasser hervor.

Es ist wie ein Bild aus alten Tagen,
als der Mensch noch eins mit der Natur
sich bloß das nahm,
was er zum Leben brauchte,
ein Raubtier unter vielen nur.

Foto: Larisa-K

Andere Ufer

Hin zu anderen Ufern
treibt mich der Zeiten Lauf,
einst wähnte ich hier meine Heimat,
nun gebe ich dieses Land auf.

Alles ist jetzt anders,
als es einmal war,
und ich würde mich nur betrügen,
bliebe ich noch länger da.

Irgendwo in der Ferne
singt jemand ein schönes Lied
und ich spüre in meinen Adern,
wie es mich weg von der Heimat zieht.

Das Lied erklang auch schon früher,
nur konnte ich es damals nicht hören,
ich war zu sehr gebunden,
nun lasse ich mich gerne betören.

Auf meinem Grab

Auf meinem Grab
sollen weiße Rosen blühen,
so weiß, dass sie der Nacht
finsteres Herz berühren.

An einem Rosenbaum,
so zerbrechlich und zart,
wie mein Leben dann einst
gewesen sein mag.

Foto: Mabel Amber

Begegnung

Ich setze meinen Fuß
in deine bunte Seele,
suche Schutz
unter deinem rauschenden Dach.

Folge dem Weg
in deine Welt des Verborgenen,
lausche dem Plätschern vom fernen Bach.

Und Schritt für Schritt nimmst du mir
meine Sorgen ab –
wie der Wind deinen Bäumen
langsam
Blatt für Blatt.

Foto: John Hain

Blau

Blau ist die Farbe
meines Lebens
und blau
ist seine Musik.

Blau ist auch
mein Tanz auf den Wellen,
selbst wenn mich dabei
die Gischt umgibt.

Und rettest du mich
aus dem Wasser,
so ertrinke ich
an Land

in einem Meer
aus grauen Farben,
in denen ich
nicht schwimmen kann.

Fotos: Myriams-Fotos

Blütenträume

Rosa Blütenträume
gefallen in den Schnee,
gelbe Glockenköpfe
gebeugt von Winterweh.

All die Hoffnung auf den Frühling
zerstört in einer Nacht,
verloren der Kampf auf Leben und Tod
gegen die eisige Macht.

Foto: S. Hermann & F. Richter

Corona-Herbst

Von den Blättern lernen
sich fallen zu lassen,
auf den weichen Boden,

durch all das
Unvorhersehbare hindurch,
wie durch Netze,
von Spinnen gewoben

und in dem freien Schweben
irgendwann zu begegnen dem Licht,
das wie schon seit Urzeiten
auch die längste Finsternis bricht.

Foto: pezibear

Das Kind in mir

Und immer noch
sitze ich am Bach,
mit den Füßen im Wasser,
wie fast jeden Tag.

Ich greife in den Himmel hinein,
pflücke Träume aus den Wolken
und kann nicht aufhören,
wie ein Kind zu sein.

Foto: Ralph

Der Magnolienbaum

Bange rosa Knospen
zwischen Hoffen und Verzagen.
Der Frühling will sie
zum Öffnen verführen,
doch können sie es wagen?

Es ist jedes Jahr das gleiche Spiel,
ein Spiel auf Leben und Tod.
Der Mutige gewinnt nur
mit der richtigen Entscheidung,
sonst trägt der Zaudernde den Sieg hinfort.

Doch zum frühen Blühen
sind sie alle verurteilt,
so steht es auf ihren Genen geschrieben.
Und so manches Frühjahr sah man kommen
und nichts von der rosa Pracht war geblieben.

Foto: jplenio

Der neue Morgen

Morgendämmerung zeichnet
die Welt in einem weichen Ton,
und was gestern
noch unausweichlich erschien,
fließt heute ins Ungewisse davon.

Das Morgenlicht bringt neue Hoffnung
und bricht mit den Schatten der Nacht,
doch niemand wagt zu sagen,
ob mit dem Ende des Tages
auch erlischt seine Kraft.

Foto: Anrita1705

Der Seeadler

Der alte Jäger
fliegt nicht mehr,
er ist zu müde dazu.

All die Kämpfe
und verlorenen Hoffnungen,
schon spürt er den Hauch
der ewigen Ruh.

Doch auch jetzt,
wo seine Kräfte versiegen,
glänzen seine Augen
vor Erinnerung:

An die Freiheit
all seiner Lüfte
und
der Federn Schwung.

Foto: Juergen_G

Die Heimkehr

Auf den Rücken der Worte
bin ich gestiegen,
lang, lang
ist das schon her.

Sie trugen mich
in ferne Länder,
weit, weit
über das Meer.

Dann drehten sie um
und kehrten zurück
und ließen mich fallen
am Heimatort.

Fremd, so fremd
sind nun alle Menschen,
dabei war ich niemals fort.

Foto: LeeChandler

Die letzten Tänze

Morgenblaue Stille
liegt über dem einsamen Fjord,
erster Schnee bedeckt die Berge
und treibt den Sommer fort.

Zwei Boote liegen verlassen
am Ufer zu ihren Füßen,
oft fuhren sie hinaus,
nun werden sie bald ruhen müssen.

Noch immer hat die Sonne die Kraft,
die Farben tanzen zu lassen,
und so sieht man
das Rot, das Braun und das Blau
sich an den Händen fassen.

Es wird nicht mehr viele Reigen geben,
bevor der Winter einbricht,
und alles, was lebt, scheint das zu ahnen,
und trinkt begierig vom letzten Licht.

Foto: Didgeman

Die Stunde der Kraniche

An einem dieser Tage,
an denen die Sonne
niemals hoch am Himmel steht
und ein erster Ostwind
die Wärme des goldenen Lichts verweht,
lasst ihr einen Schleier aus Schwarz
vor tiefblauem Horizont entstehn.
Schnell drehe ich meinen Kopf nach oben,
um euer Schauspiel mitanzusehn.

Doch schwarz wird auch meine Seele,
höre ich euren krächzenden Gesang.
Bald werdet ihr in der Sonne baden,
euch werden die Tage wieder lang.

Mir aber bleibt
nichts anderes übrig
als die Erinnerung an vergangenes Glück,
als der Traum, mit euch zu fliegen,
der Sonne entgegen,
und nicht zurück.

Foto: Comfreak

Die Stunde des Wolfes

Man nennt sie die Stunde des Wolfes,
und sie liegt zwischen drei und fünf Uhr
in der Nacht,
jene dunkle und gefährliche Zeit,
in der der Dämon in uns erwacht.

Alle Ängste, Sorgen und Zweifel,
die der Tag zuvor so perfekt verbrämt,
brechen plötzlich aus uns hervor,
wild und ungezähmt.

Der Alpdruck lastet schwer auf der Seele
und treibt sie bis an den Rand des Wahns,
doch kurz bevor sie sich ergeben muss,
reift der neue Tag heran.

Ganz sachte bahnt sich das Morgenlicht
seinen Weg ins Dunkle hinein,
bricht dann endlich den Schrecken der Nacht
und taucht die Welt in seinen hellen Schein.

Und was starr war, muss sich nun bewegen,
was dunkel war, nimmt Farbe an,
auch nach der tiefsten Winternacht
fängt alles Leben
von Neuem
mit dem Morgen an.

Foto: jplenio

Das sind die Tage

an denen der Alltag
wie Blei
auf den Schultern liegt
und alle Leichtigkeit
scheinbar über Nacht
in den Himmel fliegt.

Und in den Wolken
wohnt das Fernweh,
das zieht meine Füße nach Norden,
doch gehen
dürfen sie jetzt noch nicht
und fern
ist alles Morgen.

Foto: ambquinn

Etwas fehlt

Der Wald siebt wie immer
das Sommerlicht
und über seinen Wipfeln
kreist still der Habicht.
Doch er sieht euch nicht.

Ihr fehlt.

Vorsichtige Schritte,
um niemanden zu erschrecken,
mein Blick irrt umher,
doch ich kann euch nicht entdecken.

Ihr fehlt.

Es fehlt euer Heulen,
euer leiser Tritt,
euer Welpenspiel,
euer Familienglück.

Sagt, wann kehrt ihr zurück?

Fallen

Blätter fallen
von den Bäumen,
fallen wie bunte Träume.

Nur manchmal
verharrt eins in der Luft,
verharrt in sanfter Schwebe,

Tut so,
als ob es niemals stürbe,
und hängt doch bloß
an Spinnengewebe.

Foto: Netti_Nu_Nu

Februar

Noch liegt der Winter
schwer auf Allem
mit seiner finstren, harten Hand.

Noch zieht die Kälte
in jede Kleidung,
dringt durch jede Wand.

Und doch,
wer sehen kann, der sieht
von Tag zu Tag ein Mehr an Licht

Und erstes Vogelzwitschern singt:
Ewig
wartet der Frühling nicht.

Foto: quimono

Festgeschrieben

Ich habe das Blau
in den Himmel geschrieben,
neben weißem Wolkengedicht.

Dass es mir nie mehr
herunterfällt
und in mein Leben bricht.

Foto: Myriams-Fotos

Festtage

Klirrende Kälte,
eisige Nächte,
funkelnde Kristalle
auf Gräsern und Ästen.

Der Tod kleidet sich
in sein schönstes Gewand
und feiert seine Beute
auf glitzernden Festen.

Foto: hapr80

Flugübungen

Ich breite meine Worte
wie Schwingen aus
und schaue,
ob sie mich tragen.

Sind sie zu schwer,
stürze ich ab,
sind sie zu leicht,
verkommen sie
zu bloßen Phrasen.

Foto: schuetz-mediendesign

Frieden in mir

Wenn ich am Morgen erwache,
von den ersten Strahlen
der Sonne geweckt,
und dein Arm neben mir
sich gerade zu meinem Kissen hin reckt,

wenn ich dein leises Atmen
höre neben mir,
und mich deine vertraute Wärme
noch schützt vor aller Art wildem Getier,

wenn die Pflichten des Tages
für heute überschaubar sind
und jede Menge Freiraum bleibt
für mich und mein Kind,

wenn mein Blick hinausgeht
über die Weite des Felds,
wo die Natur aus
warmen Farben
gerade ein Bild zusammenstellt,

dann kann es sein,
dass ich es plötzlich spür:
Frieden in mir.

Foto: distelpics

Frühjahrsputz

Ich kehre
die Reste des Winters zusammen
und schaffe
für den Frühling Platz.

Endlich ist das Eis geschmolzen
und in dem aufgebrochenen Pflaster
steckt ein längst verloren geglaubter Schatz.

Foto: jplenio

Gedankenaustausch

Meine Gedanken ziehen
in die Ferne,
weit, weit hinaus aufs Meer.

Und mitten in dem
unendlich Blauen
umarmen sie deine,
die kommen Gott weiß woher.

Sie begrüßen einander
wie alte Freunde,
trennen sich und reisen weiter,

und sind ohne Wiederkehr.

Foto: cocoparisienne

Gen Süden

Sie kommen,
um den Frühling zu verkünden,
und werden alsbald
vor dem Winter verschwinden.

Erst zaubern sie
ein Lächeln ins Gesicht,
dann beladen sie uns
mit der Wehmut Gewicht.

Denn wer erträumte sich nicht
in diesen herbstkalten Zeiten,
dem Kommenden zu entfliehen?

Mit den Kranichen
in den Himmel zu steigen
und gen Süden zu ziehen.

Foto: republica

Guten Abend, gute Nacht

Der Tag geht langsam zur Neige
und reicht seine Hand der Nacht,
dass sie den Mantel des Schweigens hülle
über das, was er nicht vollbracht.

Und all die erhitzten Gemüter
finden langsam zur Ruh.
Nur wenig Zeit bleibt noch übrig
für ein letztes Rendezvous.

Ich stehe am offenen Fenster
und lausche des Windes Melodie,
bevor ich mich in Träumen verliere
von Frieden und Harmonie.

Foto: photo-graphe

Gute-Nacht-Lied

Ich habe den Mond
in meinem Segel gefangen,
nun gleitet er mit mir
durch die einsame Nacht.

Während ich
den Spuren der Träume folge,
hält er die Elemente
und mein Boot in Schach.

Und wenn dann der Morgen
die Sonne schickt
und ich reibe mir die Augen
ganz sacht,

sehe ich ihn
in der Ferne verblassen
und danke ihm
für seine treue Wacht.

Foto: alperkures

Hafen am Belt

Weiße Schiffe ziehen ruhig ihre Bahn
hoch hinauf in den Norden,
ich stehe am Kai und sehe ihnen zu,
würde ihnen so gerne folgen.

Mit den Vögeln einfach den Belt überqueren
und bis zum Polarkreis ziehen,
hin zu den Farben des nördlichen Lichts,
den blassen Tönen entfliehen.

Und in meinen Träumen sehe ich wieder
sich Berge in Fjorden spiegeln,
sehe den Menschen im Kampf mit der Natur
sich ihren Gesetzen fügen.

Wild und rau ist das Land meiner Sehnsucht,
und kann doch lieblich sein,
ein Land so voll von Gegensätzen,
die sich trotzdem zum Ganzen vereinen.

Foto: ZeitderFrau

Hochsommer

Der Morgen atmet
schon die Hitze des Tages
nach einer milden Nacht.

Bald treibt es jeden
in sein Haus zurück,
wie es sonst nur der Winter schafft.

Doch abends öffnen sich die Türen,
und heraus strömt eine Menschenflut,
um fröhlich das Fest des Lebens zu feiern
nach überstandener Sonnenglut.

Foto: summerstock

Hochzeitsweise

Unsere Hochzeit
muss kein Papier mehr besiegeln,
sie wurde geschrieben ins Himmelszelt,
das über all den fernen Meeren
die alte verbindet mit der neuen Welt.

Und durch die endlos weite Bläue
klingt dein Lied herüber zu mir,
und trägt auf seinem starken Rücken
meine Verse zurück zu dir.

Wir sind beide Sternenkinder
und können nur dort oben existieren,
zwänge man uns auf die Erde nieder,
wir würden uns bald verlieren.

Foto: rise-a-mui

Im Aufwind

Ich spüre den Wind
unter meinen Flügeln
und atme die Freiheit
tief ein,

lasse mich
in den Himmel tragen
und gleite im Sonnenschein.

Schluss
mit dem Zuviel an Rücksichtnahme,
schluss
mit dem ewigen Verzeihen.

Endlich wieder
auf eigenen Wegen
auf meine Weise glücklich sein.

Foto: MabelAmber, Pixabay

Im Farbenrausch

Mein Himmel explodiert
in tiefroten Farben,
viel schöner,
als ich je zu träumen gewagt.

Ich bade
in einem Meer von Tönen,
das kein Mensch je
zu malen vermag.

Und mitten in den Wellen
schwimmt mein Herz
und versucht,
ein Stück für immer
an sich zu reißen.

Doch so sehr es sich auch
bemühen mag,
er wird ihm immer wieder
aus den Händen gleiten.

Foto: Pezibear

Im Fluss

Inmitten des Flusses stehen wir
und suchen nach der Wahrheit
unter den Steinen.

Immer wieder
greifen wir ins Leere
und lassen
nur neue Rätsel erscheinen.

Unser Blick geht hinunter
zum schlammigen Boden,
derweil das Wasser
an uns vorüberfließt

und vom Ufer gegenüber
von uns unbemerkt
die blaue Blume grüßt.

Foto: mihailrepida

Im Land der wilden Schwäne*

Zu oft haben wir sie verloren,
die Schwäne wild und schön,
konnten ihre Freiheit nicht ertragen,
und ließen sie von dannen ziehen.

Wir hatten unsere Pflicht zu erfüllen,
warum, das fragte man nicht.
Es ging nicht um den Sinn dahinter,
allein um den Gehorsam an sich.

Jene Zeiten sind längst vorüber
und die Schwäne kehrten zurück.
Nun gilt es, ihre Freiheit zu schützen
und mit ihr das eigene Glück.

*nach dem Volkslied „Zogen einst fünf wilde Schwäne"/Deutschstunde, Spielfilm 2019

Foto: Marcel

Im Lauf der Zeit

Das Leben fließt
an uns vorüber
und niemand weiß
wohin.

Manchmal reißt es uns mit,
manchmal spuckt es uns aus
und nur selten
begreifen wir den Sinn.

Wie Wasser die Steine,
so schleift es uns
und formt uns zu etwas,
das wir nie waren.

Es braucht jede Menge
Kraft und Mut,
um auch nur einige
Kanten zu bewahren.

Foto: Pexels

Im Nebel

Manchmal
reißt der Nebel auf,
für ein paar bunte Stunden.

Doch eh sich die Augen
an die Farben gewöhnen,
sind sie schon wieder verschwunden.

Weiter geht die Reise
durch schier endloses Grau,
und in dem Meer
aus kraftlosen Tönen
wünsche ich den Regenbogen herbei.

Foto armennano

Im Sommerwind

Sachte weht der Sommerwind
über frisch geschlagene
Wunden dahin.

Noch wehren sie sich
gegen die kühlen Lüfte
und der Heilung Sinn.

Doch bald schon
werden sie zu Narben,
die kaum mehr zu erkennen sind.

Und nur manchmal
kehrt die Erinnerung zurück,
weht der Sommerwind.

Foto: Hans Braxmeier

Im Wind

Wenn der Wind wie wild
durch das Gerstenfeld weht
und keiner der Halme
noch aufrecht steht,

Wenn grüne Wogen
über die Erde rollen
weil sie nicht anders können,
als ihm Respekt zu zollen,

Stehen sie bald umso gerader,
wie um sich zu rächen –
gebogen haben sie sich nur kurz,
um nicht zu brechen.

Foto: Antranias

In dem alten Bahnhof

führen die Gleise
ins Nirgendwo.

Zwischen den Schienen wuchern
Brennesseln und Farne,
als wäre dies immer so.

Und all die tausend Wege
geraten in Vergessenheit
und mit ihnen all die Menschen
in ihrer Stärke und Verletzlichkeit.

Am Ende bleibt nichts übrig,
als der Atem der Natur
und ein Hauch von Einsamkeit
über der grünen Flur.

Foto: kie-ker

In diesen bleiernen Zeiten

In denen ein Geruch von Asche
durch die Straßen zieht,
verpuppt sich, wer kann,
in der Brombeerhecke
und träumt
vom Erwachen des Schmetterlings.

Foto: katja

Jungfernflug

Sich aus höchsten Höhen
in die Tiefe zu schwingen
und auf seine Flügel
zu vertrauen,

die noch ungenutzt
am Körper kleben,
als wären sie in Stein gehauen,

um schließlich auf
der Erde zu landen,
weich und überrascht,

was man durch Mut, Vertrauen
und eigenes Können
sich vom Leben erhascht.

Foto: Ostsee, Fehmarn

Juni

Wenn der Geruch von Malz
auf den Feldern liegt,
wo sich der Schmetterling
sonnenberauscht
auf den Grannen wiegt,

Tragen mich die Winde
fort ins Mittsommernachtsland,
dorthin, wo meine Träume
begraben sind.

Foto: Hans Braxmeier

Kirschblütenzauber

Kirschblüten wuchern
in meinem Herzen
und wollen bewundert sein.

Ich zolle ihnen
den gebührenden Respekt,
doch weiß ich um ihren Schein.

Wenn erst einmal
der rosa Schnee fällt
und das Alltagsgrün
den Zauber verdrängt,

Werde ich wissen,
wie viele Früchte
der Blütenrausch mit sich bringt.

Foto: lenalindell20

Land am Meer

Ich segle auf den Schwingen des Windes
über mein geliebtes Land,
über duftend-rote Heckenrosen
bis hin zur Waterkant.

Noch graben sich
meine Zehen in den Sand,
noch atme ich tief
die salzige Luft,

Noch zieht mich
die blaue Weite in ihren Bann,
aus deren Ferne
die Küstenseeschwalbe ruft.

Ich fülle meine Seele bis zum Rand
mit Bildern aus Meer
und Wolkenglück

Und verdränge energisch
jeden Gedanken
an ein kommendes Zurück.

Foto: kidmoses

Lied für Irland

Sing mir ein Lied von der grünen Insel,
träume den Traum ihrer Freiheit mit mir,
sing mir ein Lied von der grünen Insel,
und dann lass mich träumen von dir.

Steinkreise im matten Morgenlicht,
dieses Volk vergisst sein Gestern nicht.
Es speichert Verfolgung und Hungersnot
so wie der Torf unter seinen Füßen
tausende Jahre Leben und Tod.

Und trotzdem fließen die Bäche
lieblich hinunter zum atlantischen Meer
und abends singen tausend Kehlen
begleitet von einem Fiddlerheer.

Trotz aller Sehnsucht und Trauer
blüht die Liebe zum Leben,
hier wird gefeiert bis zum Morgengrauen
als würde es niemals ein Ende geben.

Wer aber die Insel verstehen will,
muss sie unter seine Füße nehmen,
muss hinauf die grünen Hügel,
muss Steinwälle und Schafgewühl sehen.

Nur von hier oben blickt man herab
auf glitzernde Seen und raue Pracht,
auf weite Ebenen mit Feentänzen,
auf funkelnde Sterne in lauer Sommernacht.

Und sie kann mir immer
ihre Lieder singen,
ich bekomme niemals genug von ihr,
möchte stundenlang mit ihr träumen,
so wie ich träume von dir.

Foto: marcelkessler

Manche Träume

Manche Träume tragen uns
ein ganzes Leben lang.

Wie Vögel,
die niemals zu fliegen verlernen,
heben sie uns
über all das Schwere

zurück auf die rechte Bahn.

Foto: Sandy Müller

Mein kleiner Vogel

Mein kleiner Vogel fliegt nicht mehr,
hat sich die Flügel gebrochen,
wollte zu oft hinter gläsernen Mauern
nach seinem wahren Glück suchen.

Mein kleiner Vogel fliegt nicht mehr,
hat allen Mut verloren,
ist in des Gartens Hecke gekrochen,
dort fühlt er sich geborgen.

Kleiner Vogel, weißt du nicht,
du bist zum Fliegen geboren
und wenn du dich dort ewig versteckst
wird dich der Tod in Kürze holen.

Ich weiß ja, du brauchst jetzt deine Ruh,
dass alle Verletzungen heilen,
doch vergiss nicht des Lebens Ruf nach dir,
wieder in den Himmel zu steigen.

Foto: NiklasErnst

Morgenstimmung

Ein Farbenmeer
aus gelben Blättern
auf braunem Erdengrund,
kein Rauschen und kein Wellengang,
nur Gesang aus Krähenmund.

Gedämpft durch
drückend feuchten Nebel
zu früher Morgenstund,
als wollte er alles Schöne verschlingen
mit seinem riesigen grauen Schlund.

Der Wind spielt sanft
mit den noch belaubten Ästen,
bis er sie ihrer bunten Pracht beraubt,
und leise fallen die leuchtenden Schätze
ein ums andere ins Laub.

Doch manchmal wirbeln sie hoch in die Luft,
vom Wind getrieben allein,
weit hinaus über den leeren Acker,
als wollten sie zumindest einmal
ganz wie Wellen sein.

Foto: fill

Nacht

Weit weg von allen Städten,
weit weg von Menschenlichtern,
fällt die Nacht noch auf die Erde,
wie einst besungen von den Dichtern.

Und plötzlich sind sie alle da,
die Tausende von Sternen,
strahlen aus dem schwarzen Nichts,
damit wir das Staunen lernen.

Foto: Ihtar

Nachtfalter

Wer schon jemals
einen Nachtfalter gesehen,
weiß,
dass sie nur im Dunkeln
ihre Kreise ziehen.

Ich schwinge mich
auf ihren Rücken in der Nacht
und lasse mich verzaubern
bis zum nächsten Tag.

Foto: geografiche

Noch immer

ist es Sommer,
auch wenn jetzt kalte Tropfen fallen.
Noch sind die Tage verführerisch lang,
noch fehlen den Nächten die Winterqualen.

Noch sehe ich,
wie der Sonne goldener Kopf
ab und zu durch die Wolken blitzt:
Ich komm ja wieder, keine Sorge!
lächelt sie verschmitzt.

Foto: cocoparisienne

Nur dieses eine Mal

Weiße Sterne
stehen am grauen Himmel
und sehnen sich herab.

Sehnen sich
nach dem einen Flug,
der ihnen versprochen ward.

Und ist es dann endlich
einmal so weit
und sie tanzen und wirbeln umher,

Empfängt die Erde
sie mit offenen Armen
und bereitet das Bett
für das Flockenmeer.

Foto: DerWeg

Nur ein Fluss

Jedes Mal,
wenn ich Wasser rauschen höre,
denke ich an ihn zurück.

An den Fluss,
der meine Heimat prägt
und den sie vergiftet, begradigt
und in ein Betonbett gedrückt.

Nun haben sie ihn begnadigt
und ihm seine engen Schalen
vom Leib gerissen.

Jetzt kann er wieder tanzen,
sprudeln und gurgeln
und in wilder Lebenslust
über alle Steine schiessen.

Und setze ich mich an sein Ufer
und frage, wie ihm Überleben gelang,
kräuselt er nachdenklich seine Wellen
und wispert

Fließen,
fließen!
fließen.

Foto: Johannes Plenio

Ode an einen alten Freund

Mit den Füßen
fest in der Erde verwurzelt,
streckst du deine Hände
zum Himmel aus.

So als wolltest du
die ganze Welt umarmen
und warst doch noch nie
fort von zu Haus.

Du flüsterst mir
seltsame Worte zu,
die ich nicht verstehen kann.

Doch ihr Rauschen
tut meiner Seele gut,
und ich genieße es,
wenn ich mich anlehnen kann.

An deinen rauen Körper,
der mit meinen Armen
kaum zu umfassen ist
und zu dessen Füßen
ich so gerne sitze
im sanften Abendlicht.

Dass es zwischen uns
ein Verstehen gibt,
erscheint mir oftmals
wie ein Traum.

Und die Welt wäre sicher
leerer ohne dich,
mein geliebter Baum.

Foto: blandinejoannic

Paradiesvogel

Ein Paradiesvogel saß neulich
an meinem Fenster in der Nacht.
Ich hatte ihn schon
mit den Händen gefangen,
da hat er leise zu mir gesagt:
Alle Welt will mich besitzen
wegen meiner Schönheit allein,
dabei kann ich nur frei unter Vögeln
wirklich glücklich sein.

Wir schauten einander lange
und zärtlich ins Gesicht,
dann gestand ich ihm voll Trauer:
Zum Vogel werden,
das kann ich nicht.

Einen Moment noch
genoss ich seine Wärme
und seine Federpracht,
dann öffnete ich meine Hände
und er flog davon in die Nacht.

Auf seinem Weg in den Himmel
drehte er sich ein letztes Mal zu mir:
Ich werde dich niemals vergessen,
das verspreche ich dir.
Zwar können wir nicht
zusammen leben,
doch sind wir seelenverwandt,
und Liebe kennt keine Grenzen,
haben zwei Wesen sich einmal erkannt.

Foto: kudybadoraota

Pferde

Jedes neue Geräusch
lässt dich erschrecken,
und deine Augen sehen mich an.
Du hebst deinen Kopf,
bist neugierig nun,
verdrängst die Angst
so gut du kannst.

Du lässt mich nah
an dich heran,
sanft tastet mich ab
dein braunes Licht.
Freund oder Feind,
das ist schnell entschieden –
du weißt es genau,
dein Feind bin ich nicht.

Jetzt scheint dich etwas zu rufen,
was du allein nur hörst.
du schüttelst den Kopf,
dass die Haare fliegen,
fühlst dich von etwas gestört.

Dein Blick wandert in die Ferne,
weit, weit weg von hier,
in ein fremdes Land,
das wir Menschen nicht kennen,
den Zutritt verbietest du mir.

Sehnsucht tritt in deine Augen
Und du machst dich auf den Weg.
Im Kopf scheint geplant
schon deine Reise,
weißt du genau,
wohin es geht.

Und nun fliegst du
über das offene Land,
strotzend vor Stolz und Kraft,
der Wind ist dein Gefährte nur,
Freiheit liegt in deiner Hand.

Und ich wäre so gerne mitgeflogen,
spüre die gleiche Sehnsucht in mir,
doch ich weiß, deine Freiheit endet schon
am nächsten Zaun von deinem Revier.

Foto: venrike

Polarstern

Weit, weit oben im Himmel,
da thront ein mächtiger Stern.
Er gibt im Dunkeln Orientierung
all jenen, die der Heimat fern.

Und in lauen Sommernächten
lädt er zum Träumen ein.
Er singt ein Lied von der Freundschaft,
von Liebe und dem Glücklichsein.

Doch wenn dann schließlich
der Morgen graut,
ist der Himmel
wieder kalt und leer.

Der Alltag legt sich bleiern
auf die Schultern
und man sieht den Stern nicht mehr.

Foto: lillolillolillo

Regentag

Der Regen trommelt auf das Fenster
und verwehrt die klare Sicht,
draußen tönt es grau in grau
und verschwunden ist alles Licht.

Ein dunkler Schleier
legt sich auf die Seele,
sie scheint wie wolkenverhangen,
vergessen sind die bunten Tage,
als Vögel für sie sangen.

Jeder Tropfen löscht einen Funken aus,
der hell und warm in ihr brannte
und hält der Regen noch länger an,
so stockt das Blut,
das so wild durch den Körper rannte.

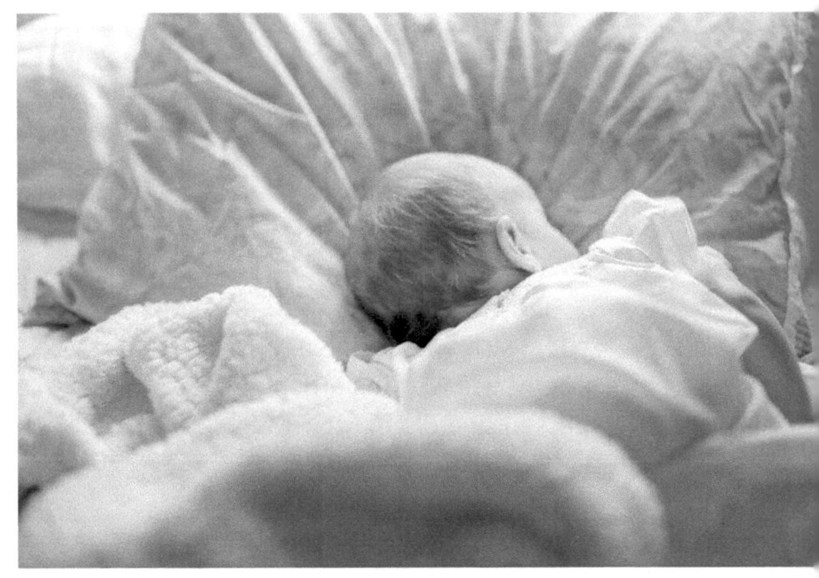

Foto: JillWellington

Schlaflied

All die kleinen Lichter
scheinen für dich in der Nacht,
all die kleinen Lichter
versprechen einen neuen Tag.

Und all die dunklen Schatten
verjagt für dich der Wind,
er tanzt vor deinem Fenster,
wo er lautstark singt.

Das schönste Schlaflied,
nur für deine Ohren,
will dir versichern,
du gehst nicht verloren.

Drum schlafe, mein Kind, schlafe,
und finde deine Ruh,
nur der Mond darf jetzt noch in dein Zimmer
und lächelt dir freundlich zu.

Foto: Manuel-H

Senffeld

Es blüht im November,
es blüht im Dezember,
und auch im Januar noch sacht.

Sein Leuchten strahlt gar
bis in den Februar hinein
und trägt mich
durch des Winters Nacht.

Foto: PDPhotos

Sommerabende

Ich sammle diese Sommerabende,
die hin zu lauen Nächten schweben,
pflücke das Lachen von den Zweigen
wie dunkelrote, reife Reben.

Dann keltere ich beides im Verborgenen
zu köstlichem süßen Wein,
der wird mir in kommenden finsteren Zeiten
Seelennahrung sein.

Foto: jplenio

Sommerende

Das Korn ist abgeerntet,
die Felder liegen brach,
noch ist die Luft voll von Sommer,
da reckt sich der Herbst
in seinem Schlafgemach.

Die Tage werden kürzer
und das Licht zieht einfach davon,
niemand vermag es aufzuhalten,
es wird woanders erwartet schon.

Jetzt gilt es,
jeden Strahl zu fangen
für die kommende lichtarme Zeit.
Der Seele Hunger ist bereits jetzt unstillbar,
und der Winter ist noch weit.

Foto: Jonathan Sautter

Sommerzeit

Wenn im Baum die Kirsche
zu glänzen beginnt,
erwacht in mir eine Sehnsucht
zum Norden hin.

Schon liegt auf der Zunge
eine Ahnung von Salz,
auf der Haut eine Rauheit
und ein Kratzen im Hals.

In den Ohren rauscht die Nordsee,
es ist nicht nur der Ruf an mich.
Aus allen Richtungen strömen sie herbei,
all ihre Kinder,
ganz ungeduldig.

Foto: Sasin Tipchai

Spring!

Springen,
du musst springen,
sonst wirst du bleiben,
wer du nicht bist.

Trau dich,
sei stark und trau dich,
aus dem Dunkeln
hinaus ins Licht.

Fliegen,
du kannst fliegen,
wenn du erst springst,
hält dich der Boden nicht.

Leben,
endlich leben,
endlich siehst du
deinem Traum ins Gesicht.

ach Motiven aus dem Film *Astrid* von Pernille Fischer Christensen

Foto: 937983

Spurensuche

So oft bin ich
über den Strand gelaufen,
und immer hat das Meer
meine Spuren verwischt.

So oft brannten meine Füße
auf heißem Asphalt,
doch Abdrücke
hinterließen sie nicht.

Nur hier und dort
eine vage Erinnerung,
ein Lächeln,
ein Vergissmeinnicht.

Und die späte Erkenntnis,
ich prägte nicht den Weg,
sondern der Weg prägte mich.

Foto: Ron-01

Staubkörner

Staubkörner wirbeln
vor meinem Fenster herum,
tragen Sonnenstrahlen
und sind dabei ganz stumm.

Drehen sich im Kreise
in einem wilden Tanz,
verleihen der Luft im Zimmer
einen goldenen Glanz.

Doch willst du sie fangen
und für dich verwahren,
fliegen sie davon,
wie um dich zu narren.

Und hast du dann doch einmal
ein paar erwischt,
stirbt ihr Zauber,
weil das Licht erlischt.

Stiller Abschied

Die Schwalben
sind schon längst verschwunden
und auch die Kraniche
ziehen immer größere Runden.

Jeder nimmt Abschied vom Sommer
auf seine Weise.
Und über dem Feld zieht ein Schmetterling
müde seine Kreise

leise, ganz leise.

Foto: seaq68

Stormzeit

Am Waldesrand,
im bunten Laub,
und unten liegt die Stadt.
Die Sonne tanzt
durch des Windes Raub,
den er ergaunert hat.

Kein Lärm stört dieses Farbenspiel,
kein Mensch zu sehen weit und breit,
nur der Bussard mit seinem Katzengeschrei
zieht an den leeren Feldern vorbei,
für ihn ist Beutezeit.

Doch bedroht ist dieses Herbstidyll,
das mein Herz erobert hat.
Es bleibt mir nur noch wenig Zeit,
dann treibt mich der Winter
zurück in die Stadt.

Foto: kliempictures

Stromaufwärts

Nimm mich mit
stromaufwärts,
schwer beladen
auf dem Fluss.

Nimm mich mit
stromaufwärts,
ohne einen Blick
zurück zum Gruß.

Ich will nicht mehr denken an das Wieso
und auch nicht an wer wann war schuld,
manche Dinge kommen,
wie sie kommen müssen,
wie eine Vorhersage,
die sich letztlich erfüllt.

Nimm mich mit
stromaufwärts,
schwer beladen
auf dem Fluss,

Dann kämpfe ich mich
in die Zukunft
und lasse Vergangenes los.

Foto: Nowaja

Sturmflug

Ich bin durch das Land der Möwen geflogen
und hab mich als Windsbraut verdingt,
weit hinaus aufs schimmernde Watt,
wo das Lied des Austernfischers erklingt.

Auf stiller, blanker See hab ich gehört,
wie die Matrosen gesungen,
und später auch ihr Jammern vernommen,
als sie untergegangen.

Bin zurück
über lila Wiesen,
wo der Strandflieder blüht
und die Graugans schreit,

Hab in ihren Weckruf
eingestimmt:
Es ist an der Zeit,
es ist an der Zeit!

Tanz der Phantasie

Es gibt Zeiten,
da nimmt die Phantasie
die Wirklichkeit an die Hand
und tanzt mit ihr wie verrückt
durch ihr verwunschenes Land.

Sie spielt so gerne mit der Grenze,
schiebt sie vor und auch zurück,
bis wir uns nicht mehr sicher sind:
was ist das echte
und was das erträumte Glück.

Foto: Unachicalinda

Tanz der Stare

Siehst du die Stare tanzen,
dort draußen
im nördlichen Wind?

Es ist, als ob sie
den alten Schwur erneuern,

dass,
wer in die Ferne zieht,
auch wieder nach Hause kommt.

Foto: rihaij

Transformationen: Die Heimkehr

Auf den Rücken der Worte
bin ich gestiegen,
lang, lang
ist das schon her.

Sie trugen mich
in ferne Länder,
weit, weit
über das Meer.

Dann drehten sie um
und kehrten zurück
und ließen mich fallen
an meinem Heimatort.

Fremd, so fremd
sind nun alle Menschen,
dabei war ich niemals
wirklich fort.

Foto: PicsbyAnnyk

Träume

Träume schweben
wie Luftblasen im Wasser
aus der Tiefe zur Oberfläche heran.

Bleiben dort
für eine gewisse Weile
und zerplatzen dann.

Zurück bleibt eine Wasserfläche,
die ist so kalt
und so unheimlich still.

Denn über sie hinweg
zieht die Wirklichkeit,
die Träume nicht dulden will.

Foto: Kirsi Kataniemi

Und plötzlich

Und plötzlich steht der Welt
der Atem still,
weil der Himmel für ein paar Sekunden
auf die Erde fiel.

Fiel auf das Rad
und brach es entzwei,
warf mich hinaus
aus dem Einerlei.

Hinein in eine Welt,
die der Alltag mir geraubt
und die ich schon seit langem
für verloren geglaubt.

Und alles, was ich will,
ist einfach nur tanzen,
für ein paar Sekunden
eins mit dem Ganzen.

Foto: nealstrydom9

Unsere Farben

Am endlos weiten Horizont,
am Himmelssaum entlang,
tanze ich Hand in Hand mit dem Blues,
solange ich denken kann.

Und wenn wir malen,
dann male ich in Rot
und er in seinem Blau,
bis die Welt um uns
in Lila versinkt
und verschwunden ist alles Grau.

Mit den Tönen, die uns gegeben sind,
malen wir beide so gut wir können,
egal, welchen Wert es auch haben mag,
egal, was wir gewinnen.

Foto: Dimitris Vetsikas

Unter Wolken

Düster starre ich
in den Himmel hinauf
und rufe meine Gefährten herbei.

Und es kommen
die Weißen und die Grauen,
auch ein paar Schwarze
sind mit dabei.

Sie schweben herunter
und hüllen meinen Kummer
in ihre Schwaden ein,
ziehen ihn mit zu sich hinauf
und ermorden ihn mit Sonnenschein.

Nur ich selbst
darf nie nach oben steigen,
sie lassen mich
einfach zurück.

Voller Sehnsucht,
doch dafür sorgenfrei
und erfüllt
mit einem Hauch von Glück.

Foto: jeejong58

Urlaubsmorgen

Möwengeschrei
fällt durch mein Fenster
und läutet den Morgen ein.

Wohin mögt ihr mich
wohl heute begleiten?

Ans Meer, ans Meer
und in den Himmel hinein!

Foto: oom_endro

Vergessendes Herz

Vergessendes Herz,
wohin lässt du nur
all meine Erinnerungen ziehen?

Weit, weit weg von hier
in ein fernes Land,
in dem die Rosen blühen.

Jede einzelne Blüte,
an der ich einst gehangen,
entschwindet mit der Zeit dorthin.

Zurück bleibt nur der karge Boden
und mir ist,
als wären sie nie entsprungen.

Das Tor schließt sich langsam
zum Reich der Blüten
und wird sich nie wieder öffnen.

Bleiben
wird nur die Gegenwart
und ein Rest an Hoffnung.

Foto: CLAVIGRAPHIE

Verletzt

Ich nehme
meine Seele in den Arm
und wiege sie
wie ein Kind.

Sie ist verletzt
und will nicht heilen
und keiner weiß,
warum.

Foto: venrike

Verlorener Traum

Ein verlorener Traum
ist wie ein erloschener Stern
am weiten Himmelszelt.

Wo es einst so hell
und warm uns strahlte,
herrscht jetzt nur noch
Grabeskälte

und dunkler scheint die Welt.

Foto: BarneyElo

Waldspaziergang

Lang war ich unterwegs
auf waldgrünen Wegen,
nun trete ich
aus ihrem Schutz heraus.

Weitab von hier
seh ich Autos toben,
bis über die Felder
tönt ihr Gebraus.

Noch füllt die klare Luft
die Lungen,
noch liegt Vogelgezwitscher
in meinen Ohren.

So fern erscheint mir
meine Stadt,
dass ich meine,
ich ginge ihr heute verloren.

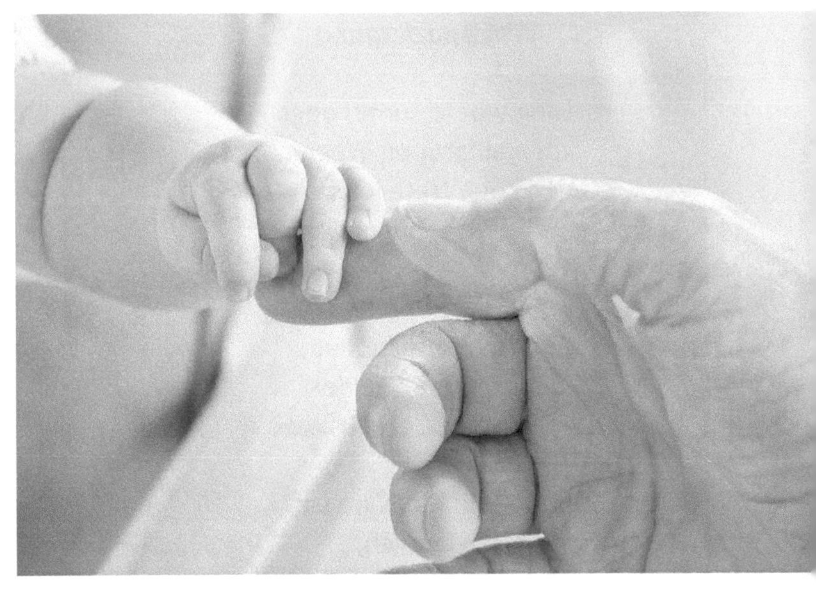

Foto: RitaE

Was zu wünschen übrig bleibt

Was wünsche ich mir,
soll von mir bleiben,
wenn es mich dereinst
einmal nicht mehr gibt?
Wenn mein Lachen längst erstorben ist
und die Welt sich ohne mich weiter dreht?

Spuren in einem Herzen,
das länger als das eigene schlägt,
Spuren in einem Herzen,
das meine Worte
weit in die Welt hinaus trägt.

Foto: Justus

Weit draußen

Das Meer hat mich gefangen
und zieht mich zu sich hinaus.
Schnell geht der Blick verloren
und Erinnerungen lösen sich auf.

Hier, wo nur die Wellen zählen,
die Dünen und der Wind,
fallen all die Jahre von mir ab
und ich werde wieder Kind.

Foto: Counselling

Wellenreiter

Wir sind wie Wellenreiter
auf den Wellen unserer Zeit,
einmal oben, einmal unten,
und einmal zwischen ihnen eingekeilt.

Doch immer
mit dem Leben verwoben,
das uns den Blick verstellt,
in die Ferne und vor allem zu dem,
der ganz in der Nähe steht.

Und plötzlich
ist der Strand verschwunden,
auf dem wir doch eben noch lagen.
Übrig sind allein die Wellen,
die uns ins Ungewisse tragen.

Und mit uns treibt
die Erinnerung
an eine vergangene Zeit,
die sich schließlich
mit uns verliert
im Strom der Ewigkeit.

Foto: xusenru

Wind

weht mir in den Ohren,
in den Haaren
und im Gesicht.

Trübe Gedanken
lasse ich mit ihm fliegen,
doch die Schönen
behalt ich für mich.

Foto: David Mark

Winternacht

Die Natur hält den Atem an,
wenn sich klirrende Kälte
nachts über sie legt

und in eisiger Stille die Entscheidung fällt,
wer wohl den nächsten Morgen
noch erlebt.

Wolfsblut

Ich werde den alten Wolf nicht verraten,
der hier seine Kreise zieht
und hin und wieder auf seinen Streifzügen
bei mir nach dem Rechten sieht.

In seinem Blut fließen all die vergangenen Geschichten,
die seine und meine Ahnen einst verbanden,
und in seinen Augen brennt das gleiche Feuer,
weswegen sie damals zueinander fanden.

Nun gehen unsere Spezies längst getrennte Wege,
doch was kümmert das mich?
Liebe braucht nicht immer Zusammenleben und Besitz,
nur Faszination
und Respekt vor dem anderen Ich.

Foto: freepik, ki-generiert

Wunder des Lebens

So lange haben wir
auf dich gewartet,
so lange deine Mutter
gehegt und gepflegt,
aber erst in dieser Vollmondnacht
fandest du endlich deinen Weg.

Auf staksigen Beinen
hinaus ins Morgenlicht,
ein Blinzeln in die aufgehende Sonne
von einem braun-weißen Fohlengesicht.

Ein Wunder des Lebens, ein Morgengeschenk
und wir nur da, um es zu bestaunen
und dir leise und voller Ehrfurcht als Erste
deinen Namen Fay zuzuraunen.

Und jedem Anfang wohnt ein Zauber inne,
jede Geburt ist ein Geschenk der Natur,
jedes Mal gibt sie uns Grund zur Hoffnung,
jedes Mal öffnet sie eine Tür.

Foto: Robert_C

Wut

Heute habe ich meine Federn
in Blut getaucht,
das keine Sonne verbrennt.

Heute schlagen meine Krallen
tief in die Erde,
dass die Feldmaus
um ihr Leben rennt.

Heute schwinge ich mich
in den Himmel hinauf
und stürze
in Sekundenschnelle hinab.

Heute zerfetze ich jeden,
der mir zu nah kommt
und werfe ihn ins Grab.

Mit meinem scharfen Flügelschlag
wird heute
auch die kleinste Wolke zerschnitten.

Heute ist kein guter Tag,
um mich
für irgendetwas
um Verzeihung zu bitten.

Foto: Heather O´Brien

Zeitgefühl

Die Seele hat ihre eigene Zeit
und fühlt sich nicht
an das Maß des Tages gebunden.

Mal lässt sie ihn vorüberfliegen,
mal dehnt sie ihn aus
zu endlosen Stunden.

Doch ihre Macht ist nicht unbegrenzt
und auch die längsten Tage
sind am Ende wie all die anderen
mit einem Wimpernschlag verschwunden.

Foto: GoranH

Zugspuren

Matt schimmern die Eisenstränge
im sanften Morgenlicht,
in dem ausgedienten Bahnhof,
der nach Vergessen riecht.

Umgeben von einer Handvoll Häusern,
mit Fenstern taub und blind,
in denen schon seit Urzeiten
nur noch die Alten zu Hause sind.

Eine Frau steht auf den Gleisen,
sehnt sich in die Ferne und blickt versonnen,
wie anders wäre wohl ihr Leben,
hätte sie einst
den letzten Zug genommen.